RELIGION EN ACTION

THÉATRE DE LA JEUNESSE.

Drames. — Pastorales. — Comédies-Vaudevilles
Chants pour distributions de prix
Fêtes des Supérieurs et autres solennités.

MOÏSE
SAUVÉ DES EAUX

DRAME EN TROIS ACTES

MÊLÉ DE CHANT

PAR

M. L'ABBÉ ESTÈVE

AUMONIER DU LYCÉE DE POITIERS, OFFICIER DE L'INSTRUCTION
PUBLIQUE, CHEVALIER DE LA LÉGION D'HONNEUR.

POITIERS

HENRI OUDIN, LIBRAIRE-ÉDITEUR,

RUE DE L'ÉPERON, 4.

1864

MOÏSE

SAUVÉ DES EAUX

DRAME EN 3 ACTES ET EN VERS

MÊLÉ DE CHANT

PAR

M. L'ABBÉ ESTÈVE

AUMONIER DU LYCÉE, OFFICIER DE L'INSTRUCTION PUBLIQUE
CHEVALIER DE LA LÉGION D'HONNEUR.

POITIERS

HENRI OUDIN, LIBRAIRE-ÉDITEUR,

RUE DE L'ÉPERON, 4.

1863

PERSONNAGES.

—

IPHIS, fille de Pharaon.

MÉROÉ, confidente d'Iphis.

CORYNNIS, jeune Égyptienne.

ZELPHA,

NELLIS, } dames du palais.

PHÉRITTA,

PHÉRISDOUN, vieille esclave.

JOCABED, mère du jeune Moïse.

MARIE, sœur de Moïse.

LE CHŒUR.

La scène est à Memphis dans le Palais de Pharaon.

PROLOGUE.

Pharaon dit à son peuple : Voici les enfants d'Israël nombreux et plus forts que nous. Venez, opprimons-les par prudence, de peur qu'ils ne se multiplient encore, et que, si une guerre survient contre nous, ils ne se joignent à nos ennemis, et qu'après nous avoir vaincus, ils ne sortent de l'Égypte. Il préposa donc sur eux des intendants pour les accabler de travaux... Mais plus ils étaient opprimés, plus ils se multipliaient... Alors Pharaon commanda à son peuple, disant : Tout enfant mâle qui naîtra, jetez-le dans le fleuve... Après cela, un homme de la maison de Lévi prit une femme de sa tribu, laquelle lui donna un fils, et, voyant qu'il était beau, elle le cacha durant trois mois. Mais ne pouvant le cacher plus longtemps, elle prit une corbeille de jonc, et, l'ayant enduite de bitume et de poix, elle y plaça l'enfant et l'exposa parmi les roseaux de la rive du fleuve.

La sœur de l'enfant se tenait au loin, considérant ce qui allait arriver. Or, voilà que la fille de Pharaon descendit pour se baigner dans le fleuve, et ses compagnes marchaient avec elle sur le bord de l'eau, et, quand elle eut vu la corbeille parmi les roseaux, elle envoya une de ses femmes. Et ouvrant la corbeille qu'on lui apportait et voyant l'enfant qui pleurait, elle eut pitié de lui et dit : C'est un enfant des Hébreux. La sœur de l'enfant s'approcha : Voulez-vous, dit-elle, que j'aille appeler une femme des Hébreux qui puisse nourrir ce petit enfant ? Et elle lui répondit : Va. La jeune fille alla et appela sa mère. La fille de Pharaon dit à la mère : Prends cet enfant et nourris-le-moi, et je te donnerai ton salaire. La femme reçut l'enfant et le nourrit. Et quand l'enfant fut grand, la fille de Pharaon l'adopta pour son fils et lui donna le nom de Moïse, disant : Parce que je l'ai sauvé des eaux.

Exode, Chap. ɪ et ɪɪ. —Avant J.-C., 1571.

MOÏSE
SAUVÉ DES EAUX.

ACTE PREMIER.

SCÈNE PREMIÈRE.

NELLIS, PHÉRITTA.

NELLIS.

Phéritta, faut-il croire à ce bruit qui m'étonne ?

PHÉRITTA.

Ma chère, ce n'est plus un doute pour personne ;
Tu peux t'en rapporter à ceux qui me l'ont dit :
L'heureuse Méroé va perdre son crédit ;
Iphis, qui l'aimait tant, Iphis est mécontente ;
Ses yeux se sont ouverts, et contre toute attente,
La faveur a fait place à la sévérité !

NELLIS.

Oh ! tant mieux ! car, vois-tu, c'était, en vérité,
Douloureux et cruel de la voir condamnée
A rester close ici depuis plus d'une année.
Que tous les cœurs vont être heureusement surpris !
Pourtant je crains toujours les faiblesses d'Iphis ;
Je crains de Méroé la funeste influence ;
Oui, je crains que jamais nulle autre ne balance
Le charme séduisant qui la porte à chérir
Cette main qui l'opprime et qui la fait souffrir.
Comment guérir d'un mal, si c'est un mal qu'on aime ?

PHÉRITTA.

Eh bien! moi, malgré tout, je crois qu'aujourd'hui
Notre Iphis va reprendre un peu d'autorité, [même
Et rejeter un joug qui n'est pas mérité.

NELLIS.

Ma sœur, éloignons-nous; je crois déjà l'entendre.
Tu sais que sans son ordre il ne faut pas l'attendre.

PHÉRITTA *(écoutant)*.

Oui, c'est elle, et sa marche annonce son courroux.

(Elles sortent.)

SCÈNE II.

IPHIS *(seule)*.

D'où vient que Méroé manque à ce rendez-vous?
N'aurait-on pas compris ma volonté formelle?
Impossible! et le tort doit retomber sur elle.
C'est un dernier appel que je fais à son cœur!
Je ne puis m'expliquer sa coupable lenteur,
Ou plutôt je me plains de toute sa conduite.
Qui peut la retenir? Sans doute elle médite
Quelque moyen nouveau de comprimer mes vœux...
Pourtant j'entends toujours comme une voix des cieux
Qui me poursuit partout et m'appelle sans cesse
Aux rives d'où m'écarte une aveugle tendresse.

SCÈNE III.

LA MÊME, MÉROÉ.

MÉROÉ.

A peine le jour luit, vous me faites mander!

Qu'avez-vous, dites-moi, princesse, à demander
De celle qui toujours à vous servir docile,
Ne songe qu'à vous plaire et qu'à vous être utile?

IPHIS.

Si vous m'aimez vraiment, si vous m'aimez toujours,
Si la vérité seule inspire vos discours,
D'où vient qu'à mes désirs vous opposez les vôtres?
Pourquoi serais-je ici moins libre que les autres?
Avec elles ne puis-je accompagner vos pas,
Et prendre aussi ma part de vos joyeux ébats?
Quand aux riches atours vous allez joindre encore
Les trésors naturels que le Nil fait éclore,
Toujours quelque motif me retient au palais...
On aime à refouler tous les vœux que je fais.

(Avec expression.)

Ce n'était pas ainsi tant qu'a vécu ma mère!

MÉROÉ.

Madame, croyez-en mon amitié sincère :
Au nom du souvenir qui fait couler vos pleurs,
N'allez point, en sortant, augmenter vos douleurs.
Un spectacle funeste offert à votre vue
Vous ferait regretter de ne m'avoir pas crue.

IPHIS *avec (vivacité).*

Vous feignez! vous mentez ! je le dis à regret.—
Ai-je donc mérité qu'on me tienne au secret?
Que, toujours surveillée et toujours prisonnière...

MÉROÉ.

Madame, au nom du Ciel, cédez à ma prière.

IPHIS.

Non, non, je sortirai, je veux parler au roi;
Sa seule volonté peut m'arrêter; — et toi,
Méroé, que j'aimais, qui seule étais mon guide,
Je commence à te croire et méchante et perfide...

MÉROÉ.

Madame, c'en est trop, et je romps en ce jour
Le silence prudent qu'on gardait à la cour.
Ce récit va sans doute affliger ma princesse;
Mais, puisque votre bouche accuse ma tendresse,
Je parlerai, Madame, et vous verrez alors
Que votre Méroé n'eut aucun de ces torts
Qui la font à vos yeux paraître criminelle.
Vous savez... ce Joseph dont l'histoire est si belle,
Ce sauveur adoré de l'Egypte autrefois,
Cet homme que Dieu fit plus sage que nos rois,
Et dont l'œil pénétrant dérobait au ciel même
Des secrets pour tout autre insoluble problème,
Immortel nourricier de cent peuples divers ; —
Ce Joseph qu'ont béni d'universels concerts,
Celui qui, de ses traits désarmant la famine,
Soutint le monde entier penchant vers sa ruine...

IPHIS (*interrompant*).

Qu'importe à mes griefs ce héros si vanté !
Sans doute de mon cœur son nom est respecté ;
J'entends avec plaisir rappeler sa mémoire ;
Même je me souviens qu'éprise de sa gloire,
Ma mère m'en a fait des récits merveilleux,
Qui captivaient mon âme et qui mouillaient mes yeux.

Et tiens, je t'avoûrai que bien souvent j'y rêve...
Mais d'où vient que ce nom...

MÉROÉ.

Permettez que j'achève ;
Vous comprendrez pourquoi je devais le citer
Au moment où, trop prompte, Iphis, à suspecter
Mon dévoûment sans borne à ma jeune maîtresse,
Vous payez d'amertume un excès de tendresse...

IPHIS.

Pardonne, chère amie, un oubli regretté.

MÉROÉ.

J'espérais, je savais ce retour de bonté ;
Je connais votre cœur, et le mien s'y confie.

(*Elle lui baise la main.*)

A présent, écoutez ce qui me justifie :
Ce héros dont je viens de tracer le portrait,
Toujours bon, juste et grand, sans doute il méritait
Que l'Egypte restât fidèle à sa mémoire.
Pharaon cependant, oh! Dieu, qui l'eût pu croire ?
Oubliant ce qu'on doit à ce fils d'Israël,
Se montre envers son peuple et perfide et cruel ;
Il veut de cette race anéantir le reste...

IPHIS.

Eh! quel est le motif de ce dessein funeste ?

MÉROÉ.

En voici le prétexte à défaut de raison :
Ces hommes qui des cours sont l'éternel poison,
Ces hommes sans remords dont le palais fourmille,
Ennemis déclarés de l'antique famille

Qui vint de Chanaan s'établir sur ces bords,
Avaient, pour la détruire, uni de vains efforts;
Car toujours jusqu'ici le Dieu qui les protége
A brisé dans leurs mains le poignard sacrilége.
Plus nombreux que jamais les enfants d'Israël
Grandissaient, florissant sous le regard du ciel.
Il semble que leur Dieu redouble sa tendresse
A ces infortunés que l'injustice oppresse.
Mais voici qu'inventant des moyens ignorés
Des plus cruels tyrans et des plus exécrés,
Ils ont gagné le prince à leur projet horrible.
Vous savez que d'un roi la colère est terrible;
Aussi s'est-il promis par serment solennel
De raser jusqu'au sol la tige d'Israël.
L'enfant nouveau-né meurt en voyant la lumière;
On donne à qui l'étouffe un horrible salaire;
S'il en échappe encor, le Nil aux flots béants
Devient l'affreux tombeau de ces pauvres enfants.

IPHIS.

Chers petits, que je plains leur triste destinée!
Cependant, Méroé, je suis fort étonnée
Que mon père à ce point soit devenu cruel!
Ce tableau... mais j'hésite à le croire réel :
Frapper des innocents... tu t'abuses peut-être...

MÉROÉ.

Non, Madame, et pour eux c'est un crime de naître;
Vous seule l'ignorez, princesse, et je voudrais
Que ce spectacle affreux ne vous frappât jamais.

IPHIS.

Et c'est pourquoi, toujours à mes projets contraire,

Tu m'avais condamnée à vivre solitaire!...
Je veux parler au roi, je gagnerai son cœur,
Il faut qu'il mette un terme à ces scènes d'horreur!

MÉROÉ.

Madame, gardez-vous d'irriter la colère
De ces vils courtisans flatteurs de votre père :
Vos charmes, votre rang, rien ne vous sauverait.
D'ailleurs le roi ne peut retirer son décret;
Il y va de son trône, il y va de sa vie.
La sombre politique et l'homicide envie
Condamnent Israël, Israël doit périr...
C'est, aux yeux des méchants, un crime d'en gémir.
Le sort en est jeté! votre père lui-même
Aurait en vain recours à son pouvoir suprême.
Il est pris aux filets tendus autour de lui ;
C'est une lutte à mort qui s'engage aujourd'hui.
Ils disent que ce peuple, en s'augmentant, menace
D'absorber, d'envahir la primitive race
Qui seule doit régner et fleurir sur ces bords.

IPHIS.

Prospérer et fleurir... voilà donc les seuls torts
Qu'ils ont à reprocher au peuple Israélite.
C'est pour cela, dis-tu, que leur race est proscrite,
Et que leurs jeunes fils, gracieux, innocents,
Sont jetés, chaque jour, dans les flots mugissants?
La politique, ô Dieu, que c'est chose cruelle!

MÉROÉ.

Oui, Madame, et toujours d'une étreinte mortelle
Elle enlace l'objet qui s'oppose à ses vœux.

Et vous, fille de roi, vous péririez comme eux,
Si, pour ces étrangers dont le malheur vous touche,
Un seul mot de pitié sortait de votre bouche.
Comme vous, votre mère essaya d'amoindrir
Le cours de ces rigueurs dont elle eut à gémir
Encor plus que sa fille à Sérapis liée...
Tandis qu'elle adorait... Je me suis oubliée
En rompant un secret que je devais garder !

IPHIS.

Méroé, je l'exige... et tu vas m'accorder
L'entier aveu d'un fait d'ailleurs que je soupçonne...

MÉROÉ.

Eh bien ! de tous ces dieux dont l'Egypte foisonne
Votre mère jamais n'embrassa les autels ;
Elle avait en horreur leur rites criminels,
Disait-elle, et malgré de sévères défenses,
Elle avait de Joseph épousé les croyances.
Du grand homme oublié gardant le souvenir,
Sur les maux de son peuple on l'entendait gémir.
Impuissante à parer tous les coups de la foudre,
A voir périr Jacob ne pouvant se résoudre,
Elle pencha la tête et mourut de douleur !...
Quand l'orage sévit, ainsi tombe une fleur,
Et vous, bien jeune encor, vous comprîtes à peine
Quel trésor se fanait sous la brûlante haleine
D'un chagrin plus mortel que le vent du désert.

IPHIS.

Ah ! je sens dans mon cœur le mal qu'elle a souffert.
Peut-être, chère amie, en mourrai-je comme elle...
Mais dans mon sein brûlant s'est allumé son zèle ;

J'épouse sa douleur, j'épouse l'intérêt
De ce peuple et du Dieu que ma mère adorait.

MÉROÉ.

Des tigres vous iriez affronter la colère ?

IPHIS.

Méroé, c'en est fait : Israël est mon frère ;
Comme une tendre sœur, j'aspire à le soigner.
Sur le bord de ce Nil dont tu veux m'éloigner,
J'irai, je braverai de nos tyrans la rage,
Et là, d'un œil ardent parcourant le rivage,
Consultant tous les bruits qui viendront des roseaux,
Et sans crainte plongeant dans le cristal des eaux,
Si je découvre enfin quelque jeune victime,
De quelle ardeur j'irai l'arracher à l'abîme !
Aux mânes de Joseph j'en fais vœu solennel.
Approuve ce dessein que m'inspire le ciel ;
Quelquefois, Méroé, la volonté suprême
Se sert, pour triompher, de la faiblesse même.

MÉROÉ.

Ainsi, tous mes efforts se tournent contre moi ;
De ce peuple proscrit vous adoptez la foi ;
D'Hermès et d'Osiris vous trahissez le culte,
Vous les abandonnez pour le mystère occulte
D'un Dieu surnaturel qui se dérobe aux sens !

IPHIS.

S'il échappe à mes yeux, dans mon cœur je le sens.

MÉROÉ.

Et la déesse Isis pour vous n'a plus de charmes ?

IPHIS.

Je renonce à ces dieux qui font verser des larmes

Aux enfants du vrai Dieu que ma mère adorait.

MÉROÉ.

Je ne vous défends pas de porter intérêt
A ces pauvres proscrits que l'Egypte rejette ;
Pourtant il ne faut pas qu'un trop bon cœur vous jette
Dans les mêmes filets où meurent les Hébreux :
Quand il est trop ardent, le zèle est dangereux.

IPHIS.

Quand il est trop timide, est-ce donc un vrai zèle ?

MÉROÉ.

Eh bien ! vous le voulez, périssez donc, cruelle !
Vous que mon amitié ne saurait émouvoir :
Au moins pour vous sauver j'aurai fait mon devoir.

SCÈNE IV.

LES MÊMES, ZELPHA.

ZELPHA.

Qu'entends-je? de tel mots sont-ils pour la princesse ?
De quel droit lui tient-on un discours qui la blesse?

MÉROÉ.

Si tu savais, Zelpha, son dessein dangereux,
Tu m'aiderais toi-même à combattre ses vœux.
Tu sais que, l'éloignant d'un funeste rivage,
J'écartais de ses yeux la déplorable image
De ces petits enfants à périr condamnés,
Et que le Nil dévore aussitôt qu'ils sont nés.
Eh bien! vœux impuissants que les siens paralysent !
Contre sa volonté tous mes efforts se brisent !

Elle au cœur si sensible aux souffrances d'autrui,
Sur les rives du Nil veut se rendre aujourd'hui ;
Et de plus commettant, imprudence nouvelle,
Bravant l'autorité royale et paternelle,
Et portant, malgré nous, ses pas aventureux
Jusqu'aux bords infestés de reptiles affreux,
Elle ira leur ravir quelque jeune victime !

ZELPHA.

Et c'est d'un tel dessein que tu lui fais un crime ?

MÉROÉ.

Moi, non, car en secret je verse aussi des pleurs
Sur ces pauvres enfants, trop malheureuses fleurs
Qu'une mère à son sein ne peut, hélas! suspendre.
Mais enfin, malgré tout, Zelpha, tu dois comprendre
Que, puisqu'on nous défend de gémir sur leur sort...

IPHIS.

Puissé-je en sauver un, — même au prix de ma mort !
Allons, et sur-le-champ je veux qu'on m'obéisse,
Et que, guidant mes pas, une esclave choisisse
Les bords où plus souvent gisent les malheureux, —
Pâture destinée à quelque monstre affreux !
Je saurai lui ravir sa victime innocente :
Quand son cœur la conduit une femme est puissante.

MÉROÉ.

Et puis, ce cher enfant, où le cacherez-vous ?
Redoutez, redoutez le funeste courroux
De ces hommes pervers que l'intérêt conseille,
Et qui de Pharaon possèdent seuls l'oreille.

IPHIS.

Quand l'innocent succombe, il faut le secourir;
Qui calcule un danger ne veut pas le courir.
D'ailleurs sans disputer je veux qu'on m'obéisse.

ZELPHA.

Et puis ne peut-on pas déjouer la malice
Des cruels qui voudraient nous ravir ce trésor.
Vous ne connaissez pas tout mon génie encor;
Je veux les tromper tous sans même qu'ils s'en doutent;
Ils ne sont dangereux qu'à ceux qui les redoutent.
C'est même sous leurs yeux que l'enfant grandira,
Et souvent la princesse avec nous le verra
Lui marquer son amour par un tendre sourire.

IPHIS.

Merci, chère Zelpha; grâce à toi, je respire.
Le bien que tu me fais ne peut se concevoir.

MÉROÉ.

Madame, je voudrais partager cet espoir;
Mais je crains...

ZELPHA.

          Méroé, ne crains rien; je suis sûre
De conduire à sa fin cette noble aventure.
D'une bonne action je veux faire un plaisir;
De ce petit enfant que nous verrons grandir
Nous serons en secret et sans cesse occupées.
Oh! cela vaudra mieux que ces vaines poupées
Que berçait en jouant notre instinct maternel!

MÉROÉ.

Je crains que des tyrans le jaloux naturel
Ne découvre bientôt le précieux mystère.

ZELPHA.

Soyez en paix, vous dis-je; enfin laissez-moi faire;
Je veux même qu'auprès de ce berceau charmant
Où d'avance je vois reposer notre enfant,
Iphis, vienne, sans peur d'aucun vil trouble-fête,
Redire, en caressant son aimable conquête,
Les doux chants dont la Juive endormait autrefois
L'enfant que toléraient d'autres mœurs, d'autres lois;
Oui, toute jeune encor, j'en étais attendrie.

IPHIS.

Il faut me les chanter, Zelpha, je t'en supplie ;
Car je sais de ta voix le charme et la douceur !
Toi, Méroé, préviens mes compagnes d'honneur
Que pour un prompt départ toutes se tiennent prêtes.

MÉROÉ.

J'y vais, mais sans souscrire aux projets que vous faites.

(Elle sort.)

SCÈNE V.

IPHIS, ZELPHA.

IPHIS.

Toi, cependant, Zelpha, contente mon désir.
J'écoute avec ardeur, car je veux retenir
Quels sont près d'un berceau les accents d'une mère.

ZELPHA.

Eh bien ! je chanterai, Madame, pour vous plaire;
Mais, puisque je suis prête à vous céder toujours,
Qu'au refrain votre voix me prête son secours.

(Elle chante.)

Dors, cher enfant; quand tu sommeilles,
Autour de toi veille mon cœur,

1*

Priant Dieu que tu ne t'éveilles
Qu'après un rêve de bonheur.
Et pourtant, quand je vois sur tes lèvres de rose
Errer un doux sourire aux anges gracieux,
Je crains que de ton corps si frêle qui repose,
Ton âme s'échappant ne s'envole avec eux.

Dors, cher enfant, etc.

Beaux anges, cachez-lui ce que souffre sa mère
En songeant que peut-être un barbare en fureur,
Me couvrant pour jamais d'un voile funéraire,
A mon sein déparé ravira cette fleur !

Dors, cher enfant, etc.

Trop tôt tu connaîtras ce que souffrent tes frères
Sur la terre d'exil où germent tant de maux ;
Alors le doux sommeil fuira de tes paupières,
Alors tu connaîtras l'excès de nos travaux.

Dors, cher enfant, etc.

Mais que dis-je ! à mon cœur l'avenir se dévoile ;
Un sauveur est promis qui brisera nos fers...
Oh! si mon fils était cette brillante étoile
Qui doit de ses rayons éclairer l'univers !

Dors, cher enfant, etc.

Oh! si mon fils était ce beau, ce grand génie
Qui doit nour révéler les oracles du ciel
Et ramener Jacob au seuil de la patrie,
Pourrais-je assez bénir le nom de l'Eternel ?

Dors, cher enfant, etc.

Ainsi chantait la Juive en berçant son trésor,
Au temps où Pharaon le permettait encor...

Mais aujourd'hui sa voix expire dans les larmes,
Et chaque jour accroît ses pénibles alarmes.

IPHIS.

Cependant, si j'en crois ce chant révélateur,
Israël attendrait un grand libérateur.

ZELPHA.

Oui, Madame, et toujours cet espoir les console ;
Ils pensent que d'après une antique parole,
La femme écrasera la tête du serpent.

IPHIS.

Tout cela me rappelle un songe bien frappant ;
J'en avais, jusqu'ici, fait à tous un mystère ;
Mais aujourd'hui, Zelpha, je ne dois plus le taire :
Un enfant, par mes soins, grandissait à la cour,
Si beau qu'à tous les cœurs il commandait l'amour;
Son esprit répondait aux grâces de son âge ;
De ses lèvres coulait un ravissant langage ;
On voyait dans ses yeux briller un feu divin ;
Déjà grave et pensif, il priait..., et soudain
Surgissaient devant lui de rayonnants spectacles.
Il semblait, jeune encor, s'exercer aux miracles ;
Plus tard, je le voyais guerrier, brisant des fers,
Et, consolant les siens de maux longtemps soufferts,
Ouvrir devant leurs pas un sublime passage ;
Les flots et les tyrans cédaient à son courage.
Il me semblait aussi que d'un bras triomphant
Je posais la couronne au front de mon enfant;
Car j'étais, disait-il, sa véritable mère,
Son sauveur adoré, son ange tutélaire.

Il me semble, Zelpha, j'ai droit de le penser,
Qu'aujourd'hui l'Eternel par moi va commencer
Cette œuvre de salut dans mon rêve entrevue !
Que le premier enfant qui frappera ma vue
Soit ce cher envoyé, redoutable aux méchants !

ZELPHA.

Je ne puis qu'applaudir à des vœux si touchants ;
Je crois à ce beau rôle, et j'adore en silence...

IPHIS.

Mais l'aurore a pâli, Zelpha, le jour s'avance ;
Le soleil va dorer les hauteurs de Memphis
Et du temple d'Horus inonder les parvis ;
Nos compagnes pourtant ne sont pas encor prêtes ;
Ne songeant qu'au plaisir de briller dans les fêtes,
Jalouses d'égaler le costume aux appas,
Elles prennent des soins que je n'approuve pas.
Et cependant, Zelpha, les cris de l'innocence !
Sur les rives du Nil appellent ma présence !
C'est la fille du roi qu'on fait attendre ainsi ?...

ZELPHA.

J'entends des chants joyeux... Madame, les voici !

SCÈNE VI.

LES MÊMES, NELLIS, PHÉRITTA.

LE CHŒUR.

La rive est solitaire ;
Partons, l'onde est si claire
Aux feux du jour naissant.

UNE VOIX.

La brise est plus légère ,
Le flot plus caressant.

UNE AUTRE.

Iphis qui nous appelle
A droit à notre amour.

UNE AUTRE.

Partons, l'onde est si belle
Aux premiers feux du jour.

LE CHŒUR.

La rive est solitaire,
Partons, etc.

NELLIS.

Quel bonheur ! nous pouvons jouir de la présence
De celle dont nos cœurs ont regretté l'absence.

ZELPHA.

Quel bonheur, la princesse aujourd'hui s'unira
A d'innocents plaisirs qu'elle redoublera.

NELLIS.

Trop longtemps de nos jeux elle fut exilée ;
Que béni soit le ciel de l'avoir rappelée
Au sein de nos ébats où ses grâces manquaient,
Ces grâces que les flots avec nous invoquaient.
Partagez le bonheur des heureux que vous faites,
Et demeurez toujours l'ornement de nos fêtes.

IPHIS.

De vous accompagner mon désir était vif,
Mais le ciel vient d'y joindre un plus grave motif.

Déjà se fatiguait ma juste impatience ;
Quand aux rives du Nil mon ardeur vous devance,
Il me semble qu'ici le soin de vos atours
Aux vœux que j'ai formés devrait céder toujours.

ZELPHA.

A peine le soleil ouvre-t-il sa carrière,
Et rien n'a compromis l'œuvre qui vous est chère.

PHÉRITTA.

Du palais de nos rois, où brillent les beaux-arts,
Le monotone aspect fatigue les regards.
Et les bassins où l'or enchâsse le porphire
Ne valent pas, pour moi, les flots purs où se mire
De la mère d'Horus le visage enchanté,
Quand il sourit du haut de son char argenté.

IPHIS.

Seul vrai Dieu, pardonnez, s'il se peut, un langage
Fruit des vains préjugés qui furent mon partage.

NELLIS.

Oh ! puisque vous venez folâtrer avec nous,
Ma main détachera tous ces voiles jaloux.
Je ne cède à nulle autre un soin qui me regarde ;
Je vous aurais partout et toujours sous ma garde.
Pour donner plus d'aisance à vos joyeux ébats,
Un réseau maillé d'or, aux filets délicats,
Joindra de vos cheveux les tresses vagabondes,
Et vous apparaîtrez, jouant au sein des ondes.
Légère, ravissante et belle comme Isis.

IPHIS.

Cessez ces vains discours, ô vierges de Memphis !

Oubliez tous ces dieux dont le rappel me blesse.
Hermès, Apis, Horus et la grande déesse
Ne peuvent recevoir qu'un encens criminel ;
Il n'est qu'un seul vrai Dieu : c'est le Dieu d'Israël !

PHÉRITTA.

C'est ainsi qu'autrefois s'exprimait votre mère.
Mais ce culte est, dit-on, proscrit par votre père.

IPHIS.

Le jour croît, et bientôt la fraîcheur cédera
Aux traits dont le soleil, en montant, s'armera.

PHÉRITTA.

Hâtons-nous, pour cueillir le lotus que l'aurore
De ses larmes d'argent doit enrichir encore.

IPHIS.

Hâtons-nous, l'innocence a besoin de secours !

MÉROÉ.

Ah ! le même dessein la travaille toujours.

ACTE DEUXIÈME.

SCÈNE PREMIÈRE.

CORYNNIS, PHÉRISDOUN.

CORYNNIS.

Je viens d'être témoin d'un étrange mystère.
Toi qui sais quand il faut et parler et se taire, —
Maîtresse d'un secret peut-être dangereux, —
J'ai dû te consulter sur ce cas merveilleux ;
J'ai besoin de l'appui de ton expérience,
Tant j'ai peur de faillir en gardant le silence.

PHÉRISDOUN.

Se taire est plus prudent, principe général ;
Pourtant il est des cas où se taire est un mal.
De quoi s'agit-il donc ?

CORYNNIS.

           Pendant qu'au sein des ondes
Les plus jeunes de nous s'ébattaient vagabondes,
Ne songeant qu'à goûter les délices du bain,
La princesse agitaït un tout autre dessein.
Un groupe, mais choisi, se pressait autour d'elle ;
Puis, s'élançant rapide ainsi qu'une gazelle
Vers le point qu'une esclave à ses yeux signalait,
Atteint en un clin d'œil le but où l'appelait
Le vœu d'un cœur ému de crainte et d'espérance.
Je crois bien qu'on se fût passé de ma présence ;
Mais comme, grâce au ciel, j'ai les pieds assez bons,
J'étais au même endroit arrivée en trois bonds,
Et, cachée au massif d'un vert et frais ombrage,
J'ai pu tout observer, les gestes, le langage.

PHÉRISDOUN.

Petite curieuse ! et vous venez encor
Vous vanter de cela !...

CORYNNIS.

           Je sais bien que j'ai tort :
J'ai prévu qu'en tenant ce candide langage,
Je m'allais exposer à tes sermons d'usage ;
Mais aussi pourquoi tant de moi se défier ?

PHÉRISDOUN.

C'est qu'il ne faut jamais aux enfants confier

Des choses dont souvent leur défaut de prudence
Ne comprend ni le but ni la haute importance ;
Tout savoir dangereux doit leur être interdit.
Cependant, Corynnis, achève ton récit,
Plus tard tu comprendras combien il m'intéresse.

CORYNNIS.

Tout à coup ont brillé les yeux de la princesse,
Qui n'a pu retenir ses transports et ses cris,
Quand de loin sur les flots un objet, qu'on eût pris
Pour la barque d'Hermès que balance la brise,
Apparaît s'avançant vers la troupe surprise.
C'était un frêle esquif où, dans un doux repos,
Dormait un jeune enfant tranquille au sein des flots ;
C'était comme le nid d'une blanche colombe.—
Pauvre petit berceau placé près de la tombe !
Pour le précipiter dans le gouffre mouvant,
Il n'eût fallu qu'un souffle, un caprice du vent !

PHÉRISDOUN.

Du haut de son beau ciel Dieu garde l'innocence,
Ma fille. Heureux qui met en lui sa confiance !

CORYNNIS.

Prompte comme l'éclair à saisir dans ses bras
L'enfant qu'elle arrachait aux ombres du trépas,
Ivre de son bonheur, versant de douces larmes,
Ne pouvant se lasser d'en contempler les charmes,
Iphis lui prodiguait un maternel amour.

PHÉRISDOUN.

Du rôle de Joseph héritant à son tour,
Iphis des malheureux devient la protectrice.
Que du séjour heureux sa mère la bénisse !

Elle est digne du sang dans ses veines puisé !
Mais ton récit n'est pas, Corynnis, épuisé :
Qu'est devenu l'enfant échappé des abîmes
Où tombent trop souvent tant de jeunes victimes ?
Ah ! si c'était du moins le fortuné signal
Que le bien désormais prévaudra sur le mal !

CORYNNIS.

Soit hasard ou dessein de cette Providence
Qui, d'après tes discours, veille sur l'innocence,
Une jeune étrangère avançant vers Iphis :
—« Voulez-vous, lui dit-elle, ô reine de Memphis,
» Que pour ce jeune enfant j'amène une nourrice? »
— «C'est mon vœu le plus cher; allez, et que je puisse
» Confier à ses soins ce précieux trésor !
» Iphis pour la payer ne manquera pas d'or ! »
Et voilà que bientôt elle amène avec elle
Une femme au front noble, encor jeune, encor belle.
Le fardeau précieux est remis dans ses bras ;
Et puis vers le palais toutes portant leurs pas,
Reviennent y chercher sans doute un lieu propice,
Afin d'y recéler l'enfant et la nourrice ; —
Du moins j'ai présumé ce dessein de leur part,
Et c'est ce que mes yeux m'ont démontré plus tard ;
Car je suis parvenue, avec un peu d'adresse,
A découvrir le lieu qu'a choisi la princesse
Pour y cacher l'enfant, objet de tant de soins,
A l'abri du regard des profanes témoins.

PHÉRISDOUN.

Sur tout ce que tu sais garde un profond silence ;
La moindre allusion serait une imprudence;

Un seul mot de ta part causerait son trépas !

CORYNNIS.

Tu peux compter sur moi, Phérisdoun; ne crains pas
Que je porte malheur à cet enfant que j'aime.
Je serai sur ce point comme une autre toi-même.
Oh ! je saurais plutôt, secondant tes efforts,
S'il fallait le sauver, affronter mille morts.

(*Elle chante.*)

Je suis jeune, et pourtant je me sens du courage
Depuis que j'ai connu ce cher et doux petit;
Je suis comme l'oiseau, faible, mais je partage
Toute l'ardeur qu'il met à défendre son nid.

Je me sens cette flamme
Qui brûle dans le cœur,
Quand le ciel en réclame
Un acte de vigueur.
Cette tête chérie,
Je prends sur moi de la protéger,
Et s'il faut jusqu'à ma vie,
Volontiers je m'expose au danger !

Notre existence, à nous, c'est la feuille légère
Qui tombe et que l'autan roule sur les chemins;
Tandis qu'à cet enfant, qu'entoure un saint mystère,
Le ciel aurait, dit-on, promis de grands destins !

Du moment qu'Iphis l'aime
Et l'aimera toujours,
A cet autre elle-même
Je dois porter secours.
Cette tête chérie,
Je prends sur moi, etc.

PHÉRISDOUN.

Peut-être, hélas! objet des plus cruels sévices,
N'aura-t-il que trop tôt besoin de nos services!
Mais on vient... Il le faut, ma fille, éloigne-toi!

CORYNNIS (en sortant).

Je dois t'en avertir, c'est la fille du roi!

SCÈNE II.

IPHIS, PHÉRISDOUN.

IPHIS.

J'apprends que de ma mère autrefois grande amie,
Ma pauvre Phérisdoun, aujourd'hui l'on t'oublie.
Je viens pour m'accuser devant toi de ce tort ;
Je sais le désespoir que t'a causé sa mort.

PHÉRISDOUN (s'agenouillant devant la princesse).

C'est sa voix que j'entends, ses traits que je contemple!

IPHIS (la relevant).

Et de plus je promets d'imiter son exemple!

PHÉRISDOUN.

Madame, que le ciel seconde vos desseins !

IPHIS.

Mais d'où vient cependant qu'au milieu des essaims
Qui me font chaque jour une cour assidue,
Mes regards inquiets ne t'ont point aperçue ?

PHÉRISDOUN.

J'étais loin de penser que vous songiez à moi ;
Peut-être aurais-je aussi contrarié le roi.
Esclave sans prestige, à mon âge on s'efface...

IPHIS.

Sous peine, désormais, d'encourir ma disgrâce,

Tu viendras quelquefois causer avec Iphis.
Hélas ! j'ai tant besoin de fidèles avis !
Les princesses n'ont pas toujours l'âme contente,
Et même en ce moment un souci me tourmente,
Un doute que Zelpha pourrait seule éclaircir.

PHÉRISDOUN.

Madame, voulez-vous que je l'aille quérir ?

IPHIS.

Va, bonne Phérisdoun, et souviens-toi qu'on t'aime.

SCÈNE III.

IPHIS (seule).

Ainsi donc, je ne puis me comprendre moi-même ;
Le sommeil désiré ne ferme plus mes yeux,
Le repos loin de moi s'enfuit, malgré mes vœux ;
D'un sentiment nouveau, c'en est fait, mon cœur
                                        [souffre.
Quoi ! cet enfant si cher que j'ai tiré du gouffre,
Une autre quelque jour pourrait me l'enlever ?
A quoi m'aurait alors servi de le sauver ?
Mais ma crainte après tout, ce n'est qu'une chimère !
Et puis ne dois-je pas souhaiter au contraire
Qu'il soit entre les bras qui d'abord l'ont pressé ?
D'où vient que cependant mon cœur en est blessé ?

SCÈNE IV.

LA MÊME, ZELPHA.

ZELPHA.

A vos ordres j'accours, Madame, et je m'étonne
Que vous qui ne deviez d'aujourd'hui voir personne,

Qui, pour vous reposer, consentiez, sur nos vœux,
A laisser le sommeil s'étendre sur vos yeux,
Vous m'ayez aussitôt près de vous rappelée?
Quelque songe effrayant vous aurait-il troublée?
Croyez-moi, chère Iphis, l'enfant sauvé des eaux
N'a plus à redouter aucun de ces fléaux
Trop longtemps déchaînés contre ceux de sa race;
Grâce à nos soins heureux, nul danger ne menace
Votre douce conquête échappée au trépas;
Sa nourrice est ici logeant à quelques pas
De vos appartements, d'où vous pourrez sans peine,
Sur votre heureux sujet, aimable souveraine,
Régner et l'embrasser autant que vous voudrez.

IPHIS.

Je reconnais, Zelpha, tes soins réitérés.
Oui, grâce à nos efforts, l'innocence respire;
Ce cher enfant déjà commence à me sourire.
Je veux croire avec toi que nos précautions
Le mettent à l'abri des persécutions,
Et que de nos tyrans l'ingénieuse rage
Ne pourra se douter qu'on ait eu le courage
D'introduire un Hébreu jusqu'au sein de la cour, —
De placer la colombe en face du vautour.
Je crois au plein succès des manœuvres savantes
Qui doivent déjouer des recherches perçantes.
Eh bien! malgré cela, mon cœur n'est pas content!

ZELPHA.

Ce chagrin sans motif, Madame, me surprend.

IPHIS.

Oh! non pas sans motif. Zelpha, je t'en conjure,

Excuse un sentiment qui vient de la nature
Et que j'ai jusqu'ici vainement combattu.
Peut-être que j'ai tort, j'en rougis ; mais, vois-tu,
Cet état me fatigue, et je veux qu'il finisse :
Zelpha, je suis jalouse, et voilà mon supplice.

ZELPHA.

Madame, je vous plains, mais je ne comprends pas...

IPHIS.

Ecoute : quand l'enfant a passé dans ses bras,
N'as-tu pas vu trembler de bonheur cette femme?
N'as-tu pas vu sortir de son œil une flamme,
Et, malgré ses efforts pour ne pas se trahir,
Ne pouvoir me cacher ses larmes de plaisir ?
Une simple nourrice, une femme étrangère
N'aurait point éprouvé ces transports d'une mère !
Or, adieu mes projets, mes rêves de bonheur ; —
Une autre et non pas moi possédera son cœur.
Il est des sentiments qu'on ne peut interdire ;
Tout décèle une mère... un regard, un sourire ;
Et cet enfant chéri, qui la reconnaîtra,
Dans son cœur avant moi toujours la placera.

ZELPHA.

Rejetez, rejetez une telle pensée ;
Dans son cœur vous serez la première placée.
Il est vrai qu'à sa mère il tiendra par le sang ;
Mais à qui devra-t-il et la vie et le rang
Où l'aura fait monter votre crédit suprême ?
Et puis ce qui vous trouble est encore un problème ;
Peut-être, et je l'espère, Iphis, vous trompez-vous ;

N'en croyez qu'à demi votre penchant jaloux ;
Et même en supposant cette femme sa mère,
L'enfant y gagnerait un zèle plus sincère,
Plus d'amitié pour lui, plus de soins assidus...

IPHIS.

Tous ces raisonnements sont pour moi superflus !
Et puisque son salut de moi seule est l'ouvrage,
Je le veux tout entier... je repousse un partage
Avec qui que ce soit des droits que j'ai conquis.
L'enfant sauvé des eaux n'a pour mère qu'Iphis !
Il me faut éclaircir un fait que je soupçonne :
Qu'on m'amène à l'instant cette jeune personne
Qui, sur les bords du Nil, avait porté ses pas
Juste au point précis... soit, je ne préjuge pas ;
Sa présence, avant tout, est ici nécessaire.
Pars, vole, et que bientôt se fasse la lumière !

SCÈNE V.

IPHIS (seule).

Ainsi c'est une loi que, dans le cœur humain,
Aux transports d'un instant succède un long chagrin ;
Oui, c'est toujours la fleur à peine épanouie
Retombant sur sa tige et mourante et flétrie.
Le bonheur ! vain ruisseau qui coule, et puis se perd
Dans les sables brûlants d'un aride désert !
Un peu de miel au bord d'une coupe mortelle ;
Un prestige menteur, une aurore infidèle,
Promettant un soleil qui ne se lève pas,
C'est toute la valeur des choses d'ici-bas.

SCÈNE VI.

LA MÊME, MARIE.

IPHIS.

Sans crainte avancez-vous, timide Israélite !

MARIE.

Au sein de ce palais à la hâte introduite
Et ne connaissant pas les usages reçus,
Je ne puis commander à mes sens trop émus ;
Pourtant votre regard, Madame, me rassure !

IPHIS (*à part*).

Que ses traits sont touchants et que sa voix est pure !
Ne vous effrayez pas ; répondez seulement
Toute la vérité sans nul déguisement :
Votre nom, s'il vous plaît ?

MARIE.
Je m'appelle Marie.

IPHIS.

Marie ! oh ! quel doux nom !

MARIE.
Pourtant il signifie
Amertume et douleur vastes comme la mer.

IPHIS.

Et vous qui le portez, vous avez donc souffert ?

MARIE.

Oh ! Madame, est-il donc besoin de vous l'apprendre ?
Si j'ai souffert, ô Dieu ! vous devez le comprendre...
Mes frères égorgés ou noyés dans les flots,
Leur sang qui rejaillit aux mains de nos bourreaux !

Les Juives maudissant leur beau titre de mères,
Qui jadis les rendait heureuses et si fières,
Tandis que leurs époux, avilis, accablés
De travaux à dessein sans cesse redoublés,
Pétrissent de leur sang le ciment homicide
Qu'exige pour monter la grande pyramide ;
Et pour les stimuler la voix de l'exacteur...
Hélas ! que de sujets à ma juste douleur !

IPHIS.

Sur le sort d'Israël, comme vous attendrie ,
Je verse aussi des pleurs, bonne et douce Marie.

MARIE.

Votre intérêt pour eux, Madame, est bien prouvé
Par vos soins pour l'enfant que vos mains ont sauvé.

IPHIS.

Je vois que celui-ci surtout vous intéresse.

MARIE.

Israël tout entier a droit à ma tendresse.

IPHIS.

Soyez franche, Marie, et dites sans détour
Que nul ne vous inspire un aussi tendre amour.

MARIE.

Peut-on ne pas aimer la grâce, l'innocence ?
Vous-même en avez pris l'héroïque défense.
Sans vous, il succombait au plus affreux des sorts.

IPHIS.

Par quel heureux hasard, vous trouvant sur ces bords,
M'avez-vous sur-le-champ offert votre service,
Et presque au même instant amené la nourrice

Dont un si jeune enfant ne pouvait se passer?

MARIE.

Mes parents m'ont appris toute jeune à penser
Que le hasard n'est rien, et que... la Providence,
De chaque événement qu'elle a réglé d'avance,
Sait tirer quelque bien prévu dans ses décrets.
C'est par sa volonté, Madame, que j'errais
Sur ces bords qui vous ont trop longtemps attendue,
Où, comme un doux rayon, vous êtes descendue
Pour rendre un cher espoir à Jacob malheureux,
Et déchirer enfin le voile ténébreux
Qui nous semblait, hélas! un éternel suaire
Dont la nuit, grâce à vous, s'est changée en lumière!
Jadis une colombe apporta le rameau
D'où rayonna l'espoir sur un vaste tombeau;
Ah! vous êtes aussi l'aimable messagère
Qui faites qu'Israël respire et qu'il espère!

IPHIS.

Vous me dites des mots et flatteurs et charmants;
Mais mon but n'était pas d'avoir des compliments,
Et quand je vous appelle, il s'agit, ô Marie,
Pour moi de satisfaire une toute autre envie.
Je comprends l'intérêt qui s'attache au malheur
D'un peuple qu'on opprime; et votre excellent cœur
Entre les malheureux voit peu de différence.
Tous les infortunés sont frères; mais je pense
Qu'aux liens généraux de la fraternité
Peuvent se joindre encor ceux de la parenté:
Eh bien! répondez-moi sans divaguer, Marie:
Quel est à cet enfant le degré qui vous lie?

MARIE.

Sur un pareil terrain je ne puis faire un pas,
Un secret commandé ne nous appartient pas ;
Et puisque j'ai promis, Madame, de me taire...

IPHIS.

Je ne me trompais pas ! l'enfant c'est votre frère !
Il suffit... je comprends... allez... retirez-vous.

MARIE.

Oh ! laissez-moi de grâce embrasser vos genoux !
Faut-il que pour cela l'innocence moins chère
Ne trouve plus en vous une amie, une mère ?
Si je suis un obstacle, anéantissez-moi,
Et qu'il vive, par vous élevé comme un roi.

IPHIS (attendrie).

Que mon cœur est touché de ses pleurs, de sa grâce...
Approchez, mon enfant, et que je vous embrasse.

SCÈNE VII.

LES MÊMES, JOCABED.

JOCABED.

Faveur inattendue ! et moi qui craignais tant
Qu'un discours de sa part, maladroit, imprudent
Peut-être, contre nous ne vous eût irritée !
A son âge, un enfant ignore la portée
Des gestes et des mots dont il peut se servir ;
Et c'est pour l'excuser que j'ose ici venir.

IPHIS.

Vous l'avez, au contraire, avec tant d'art instruite,
Que je viens d'admirer sa discrète conduite
Au sujet d'un aveu que j'ai droit d'obtenir, —

Et pourtant de sa bouche est encore à sortir ;
Mais, malgré les effets du serment qui la lie,
J'ai tout compris, Madame, et je la remercie.
Elle peut s'éloigner ; — vous, nourrice, restez.

SCÈNE VIII.

IPHIS, JOCABED.

JOCABED.

Que demandent de moi, princesse, vos bontés ?

IPHIS.

Qu'en présence de Dieu, vous me juriez, Madame,
Que sur ce jeune enfant votre cœur ne réclame
D'autre droit que l'amour aux nourrices permis
Pour l'objet qu'à leurs soins d'autres mains ont com-
Répondez.   [mis ;

(Jocabed se détourne et pleure.)

IPHIS *(continuant)*.
Vous pleurez... Oh! vous êtes sa mère !

JOCABED.
Impossible à mon cœur d'affirmer le contraire.

IPHIS.
Eh bien ! c'est un malheur! je l'aurais adopté ;
Au faîte des honneurs par mon crédit porté,
Tout autre aurait ici pâli devant sa gloire !

JOCABED.
Mais peut-être qu'aussi chassé de sa mémoire,
Le souvenir du Dieu qu'il ne connaîtrait plus
Aurait fait place au culte et d'Hermès et d'Horus!

IPHIS.
Ces dieux ! je les méprise... Ah ! j'en chéris un autre,
Et ce Dieu de mon cœur, Madame, c'est le vôtre.

JOCABED.

Tressaillez dans les cieux, protecteurs d'Israël ;
Voici poindre le jour à jamais solennel
Où nos pauvres tribus trop longtemps enchaînées
Vont enfin s'élancer vers d'autres destinées ;
Je vois dans l'avenir où mes yeux ont plongé
Que le plus vil métal en or pur s'est changé ;
Pour nous va commencer une ère de miracles.
Madame, qu'ils sont beaux les consolants spectacles
Que le ciel vient d'offrir à l'instant à mes yeux !
Au début se plaçait un ange gracieux,
Et cet ange, c'est vous ! Des palmes triomphales
S'apprêtaient pour mon fils dans vos mains virginales !
Mais que dis-je ! mon fils, Madame, il est à vous ;
Le ciel vous l'a donné ! j'en fais à deux genoux
Le sacrifice entier, sincère, et je confie
A vos soins maternels beaucoup plus que ma vie ;
La mienne ce n'est rien, la sienne est un trésor !
C'est de vos seules mains que prendra son essor
Cet aigle, qui porté par de puissantes ailes,
Doit un jour s'élancer aux voûtes éternelles,
Y puiser un savoir de tout autre ignoré ;
Puis enseigner Jacob qu'il aura délivré !

IPHIS.

J'en accepte l'augure, et ce noble langage
Me fait prendre en pitié le trop facile ombrage
Dont j'avais un instant laissé souffrir mon cœur ;
L'enfant est à nous deux et vous êtes ma sœur...

(*Elle lui tend la main.*)

Sans crainte allez remplir vos devoirs de nourrice.

JOCABED (*se retirant*).

Que le Dieu de Jacob, princesse, vous bénisse !

SCÈNE IX.

IPHIS (*seule*).

Je n'ai point mérité de si brillants destins ;
Si du ciel cependant tels étaient les desseins,
Qu'il soit cent fois béni de sa munificence !
Grand Dieu ! reçois l'encens de ma reconnaissance ;
Que grâce à ton secours je sois à la hauteur
Du rôle que je dois à ta bonté, Seigneur !

SCÈNE X.

LA MÊME, MÉROÉ.

MÉROÉ.

Pardonnez ; mais il faut que vous soyez instruite
D'un bruit qui peut avoir une funeste suite :
Madame, il se répand qu'au fond de ce palais,
— Et c'est ce que d'ailleurs toujours je redoutais,—
Un enfant introduit se cache avec mystère ;
Quelques mots imprudents portés à votre père,
En lui donnant l'éveil ont déjà provoqué
Un certain mouvement que j'ai bien remarqué.
Les gardes, les soldats déjà se réunissent,
Les abords du palais de leurs flots se remplissent ;
On ne peut plus entrer ni sortir librement.

IPHIS.

Eh ! que faire, ô mon Dieu, pour sauver cet enfant !
Si j'étais sûre au moins d'arriver à mon père,
Mes cris, mon désespoir fléchiraient sa colère.

Que je puisse le voir, et je triompherai,
Ou bien de ma douleur à ses pieds je mourrai !

(Elle sort.)

MÉROÉ.

Dieu puissant qu'elle adore, écarte la tempête
Que l'imprudente Iphis attire sur sa tête.
Oh ! comme en un clin d'œil s'échappe le bonheur
Qui semblait pour toujours fixé dans notre cœur !

SCÈNE XI.

MÉROÉ, ZELPHA, PHÉRITTA, NELLIS, LE
CHŒUR.

LE CHŒUR.

Mourir si jeune encore,
Tomber à son aurore,
Ah ! quel affreux destin !

UNE VOIX.

C'est la fleur qui vient d'éclore
Et ne brille qu'un matin !

UNE AUTRE.

Ce cher enfant si plein de charmes
Va tomber sous les armes
Des farouches soldats.

UNE AUTRE.

Et nos cris et nos larmes
Ne le sauveront pas !

LE CHŒUR.

Mourir si jeune encore
Tomber, etc.

MÉROÉ.

Tes splendeurs, ô Jacob, pour jamais sont voilées,
Et tes pauvres tribus sous leur deuil accablées
N'élèvent qu'en tremblant leur gémissante voix ;
Hélas ! qu'est devenu ton bonheur d'autrefois ?

ZELPHA.

Hélas ! qu'est devenu l'intérêt vif et tendre
Qui portait autrefois nos monarques à rendre
Tant d'honneur aux Hébreux, qu'on massacre aujour-
                                    [d'hui ?
Si Dieu ne les soutient, quel sera leur appui ?

PHÉRITTA.

Mais peut-être qu'Iphis achevant son ouvrage
Et de son doux regard dissipant le nuage
Qui sur ce pauvre enfant menace d'éclater,
Sur les tyrans jaloux est prête à l'emporter.

NELLIS.

Oui, peut-être cédant aux vœux de la princesse
Et souffrant de la voir sous le poids qui l'oppresse,
Par ses larmes le roi se laissera fléchir !
Fasse le juste ciel qu'il se laisse attendrir !

PHÉRITTA.

Dissipez, dissipez nos cruelles alarmes !
Mon Dieu, faites qu'enfin le calice des larmes
Où s'abreuve Israël soit vidé pour jamais !
Qu'un terme infranchissable arrête ces forfaits !

MÉROÉ.

Mes sœurs, éloignez-vous, Iphis va reparaître ;
Un sombre désespoir la fatigue peut-être.

2*

Je tremble que le roi n'ait repoussé ses vœux ;
Attendez pour la voir des moments plus heureux.
(Elles s'éloignent, moins Zelpha et Méroé.)

SCÈNE XII.

ZELPHA, MÉROÉ.

ZELPHA.

Réduits à leur néant, les hommes, quoi qu'ils fassent,
Ne peuvent écarter les coups qui les menacent.
Dieu veut que chacun s'aide afin d'en être aidé,
Mais par lui le succès est toujours décidé.
S'il ne prenait en main lui-même notre cause,
Nos efforts ne seraient toujours que peu de chose.
D'un cœur humilié, sincère, gémissant,
J'invoque ton appui, seul vrai Dieu tout-puissant.
Ah ! pour mieux conjurer cette affreuse tourmente,
Méroé, joins ta voix à ma voix suppliante.
(Elles chantent.)

Donnez passage à nos prières
A travers vos cercles de feu ;
Écartez-vous, brillantes sphères,
Laissez nos cris monter à Dieu !
Nous l'invoquons pour l'innocence,
Qui n'a d'appui que dans le ciel ;
Ce cher petit, c'est l'espérance
De ceux qu'oppresse un sort cruel !
Dieu d'Israël, nous sommes à genoux :
Du haut des cieux, secourez-nous.

Quand l'éclair luit, quand la tempête
Éclate et tombe avec fracas,

Dieu tout-puissant, gardez la tête
De qui vous tend ses jeunes bras ;
A cet enfant, fleur printanière
Qu'agite un souffle meurtrier,
Donnez un ange tutélaire
Pour lui servir de bouclier.
Dieu d'Israël, nous sommes à genoux :
Du haut des cieux, secourez-nous.

Iphis combat, mais une femme
Ne peut, hélas ! avec son cœur,
Quelle qu'en soit la noble flamme,
Dire au torrent dévastateur :
Brise tes flots, et que ta rage
Expire aux pieds de ce berceau,
Gage d'espoir pour l'esclavage,
Pour les méchants, juste fléau !
Dieu d'Israël, nous sommes à genoux,
Du haut des cieux, secourez-nous.

ACTE TROISIÈME.

SCÈNE PREMIÈRE.

MÉROÉ.

Ah ! mes pressentiments jamais ne m'ont trompée !
Iphis reparaîtra, mais de larmes trempée,
Sans avoir obtenu ce qu'appelait son cœur...
Hélas ! eh ! qu'inventer pour calmer sa douleur ?

SCÈNE II.
LA MÊME, IPHIS.

IPHIS (*se jetant sur un siége*).

Méroé, c'en est fait, le crime se consomme !
Régner, c'est donc cesser d'être père et d'être homme ?
Ne pouvoir, moi sa fille, aborder Pharaon !
En dépit de mon titre, en dépit de mon nom,
Par ses ordres me voir constamment repoussée,
Et, dans ma dignité de princesse offensée,
Réduite à supplier, mais toujours vainement,
Ces hommes que j'ai vus m'adorer lâchement,
Et, quand je paraissais, se courber jusqu'à terre,
Tant que j'ai pu compter sur l'amour de mon père !
Mais, depuis qu'à son cœur me fermant tout accès,
Lui-même ils l'ont étreint dans d'horribles filets,
Cette servilité se change en insolence,
Et j'ai perdu l'espoir de sauver l'innocence !
L'innocence expirant me tend en vain les bras,
Hélas ! et je ne puis la soustraire au trépas !
Ce cher infortuné, il n'a, pour se défendre,
Que ses pleurs et ses cris !... Ah ! je crois les entendre !
Barbares, arrêtez, cet enfant c'est mon fils !
Que vos coups meurtriers se portent sur Iphis,
Et, quand j'aurai cessé de voir cette lumière,
Alors vous poursuivrez votre œuvre sanguinaire !

MÉROÉ.

Si du moins ma tendresse, en partageant vos pleurs,
De votre désespoir allégeait les horreurs !
Mais que peuvent, hélas ! et les cris et les larmes ?
J'ai fait, pour prévenir vos cruelles alarmes,

Tout ce que m'a dicté ma tendresse pour vous ;
Longtemps j'osais braver jusqu'à votre courroux :
Je voulais vous sauver au prix de ma disgrâce.

IPHIS.

De la clarté du jour, Méroé, je suis lasse ;
Mes yeux en sont frappés pour la dernière fois.

MÉROÉ.

De votre Méroé reconnaissez la voix.
Souffrez que de ma main je répare l'outrage
Qu'étend un deuil affreux sur votre cher visage !
Dieu ! comme il en dévore et sèche les attraits !

IPHIS.

Je ne veux que mourir : — me consoler, jamais !

MÉROÉ.

Mourir ! vous, jeune et belle, à la fleur de votre âge !
Princesse, reprenez un peu de ce courage
Qui contre les périls vous armait autrefois...
Je suis à vos genoux ; oh ! cédez à ma voix !
D'un avenir brillant n'éteignez pas l'aurore...

IPHIS.

Tu parles d'un bonheur que je pourrais encore
Goûter après le coup qui m'atteint aujourd'hui !
Non ! non ! et le dernier de mes soleils a lui !

MÉROÉ.

Il vous reste pourtant encor quelque espérance ;
Vous savez de Zelpha le zèle et la prudence ;
Par son amour pour vous, son courage enflammé
Rompra l'affreux dessein que le crime a tramé.

IPHIS.

Mais il est trop d'écueils semés sur son passage ;

Rien ne peut nous sauver, prudence ni courage ;
Son zèle et mon crédit deviennent impuissants ;
Tout croule autour de moi, Méroé, je le sens,
Le réseau de la mort enveloppe ma tête,
Et je cède, impuissante à parer la tempête !

SCÈNE III.

LES MÊMES, ZELPHA.

ZELPHA.

O Dieu ! dans quel état, Méroé, je la vois !

MÉROÉ.

Zelpha, nous la perdons... Ni mes soins ni ma voix
Ne peuvent adoucir cette douleur cruelle !

ZELPHA.

Madame, entendez-moi, j'apporte une nouvelle
Qui nous rend à l'espoir de sauver l'innocent ;
Mais il faut se hâter, car le roi vous attend.

IPHIS.

De ma chère Zelpha c'est la voix douce et tendre.

ZELPHA.

Auprès de votre père hâtez-vous de vous rendre...

IPHIS.

Ne sais-tu pas, Zelpha, que je ne puis le voir,
Et qu'ainsi s'est brisé notre dernier espoir ?

ZELPHA.

Croyez-moi, près de lui votre père vous mande.

IPHIS.

La sombre politique exige une autre offrande ;
C'est peu d'avoir versé celui de l'innocent :
Pour la désaltérer, il faut aussi mon sang !
Eh bien ! me voilà prête...

ZELPHA.

Erreur, erreur funeste !
Profitez d'un moyen , Madame, qui vous reste
Pour prévenir un crime encore non commis.

MÉROÉ.

Ah ! puisque cet espoir vous est enfin permis,
Partez , courez , volez, ne faites point attendre.

IPHIS.

Mon père est donc pour moi toujours bon, toujours
[tendre ?

ZELPHA.

En dépit de la garde introduite au palais,
J'ai peint votre douleur, excusé vos projets ;
J'ai dit de cet enfant le malheur et les charmes,
Et j'ai vu que ses yeux se remplissaient de larmes;
Enfin il vous demande et veut vous embrasser.

IPHIS.

Avec quels doux transports mes bras vont l'enlacer !
(Elle sort.)

SCÈNE IV.

MÉROÉ, ZELPHA.

MÉROÉ.

Et l'enfant, c'est bien sûr, n'a pas cessé de vivre ?

ZELPHA.

Malgré les assassins ardents à le poursuivre ,
Nos efforts réunis ont pu, pour le moment,
Soustraire à leurs poignards ce bel et cher enfant.
Mais il faut pour toujours paralyser leur rage ;
Il faut que la princesse , achevant son ouvrage ,

Obtienne que le roi révoque son arrêt,
Et qu'il allége ainsi son règne d'un forfait.
Priant, sollicitant un père, un roi qui l'aime,
Peut-être sur son cœur sa fille obtiendra même
Que pour tout Israël le joug soit adouci.

MÉROÉ.

Fasse le juste ciel, Zelpha, qu'il soit ainsi !

ZELPHA.

Grand Dieu, qui secondez la voix de l'innocence,
Qui savez de son cœur le chagrin, la souffrance,
O vous dont elle embrasse et pratique la foi,
Faites-la triompher des préjugés du roi,
Et que ce fier lion à sa voix s'adoucisse ;
Que le vœu de son cœur, Dieu puissant, s'accomplisse !
Jamais plus de vertus, de touchante beauté
Pour un plus saint motif ne l'ont sollicité !
Elle a, pour l'attendrir, les grâces de sa mère,
Cet ange dont la voix jadis lui fut si chère.
Oh ! que le souvenir des biens qu'il a perdus,
Et que sa fille aimante à son cœur a rendus,
Fasse revivre en lui la pitié, la justice ;
Qu'il se laisse attendrir, et que sa main tarisse
La coupe d'amertume où s'abreuve Israël !
Que l'enfant qui semblait l'élu chéri du ciel
Atteigne les grandeurs qu'Iphis avait rêvées ;
Que de l'oppression nos tribus relevées
Puissent marcher un jour vers le riant pays
Qu'à nos pères souvent votre voix a promis.

MÉROÉ.

Oh ! ne rejetez pas la voix qui vous implore,

Dieu puissant de Jacob, puisqu'Iphis vous adore.

Je vous proclame aussi le seul Dieu de mon cœur ;

Son deuil sera mon deuil, son bonheur mon bonheur !

Oui , si vous agréez cette offrande sincère,

Si vous me permettez de vous nommer mon père,

Faites qu'un prompt succès soit le signal bien doux

Que ce don de mon cœur est accepté de vous !

Je romps ; je romps tout pacte avec les infidèles ;

Déjà je détestais leurs fêtes criminelles ,

Mais je sens qu'aujourd'hui j'appartiens sans retour

Au seul Dieu qui soit digne et d'hommage et d'amour !

ZELPHA.

O ciel ! qu'ai-je entendu ? Des lyres immortelles

Les sons harmonieux caressants et fidèles

Viennent d'agiter l'air de parfums pénétré !

Sur le sort de l'enfant mon cœur est rassuré.

(*Elle embrasse Méroé.*)

SCÈNE V.

LES MÊMES, CORYNNIS.

CORYNNIS.

Jamais on n'apporta nouvelle plus joyeuse ;

J'ai peur de défaillir tant je me trouve heureuse !

Enfin nous triomphons, nous triomphons, et moi

Dont la légèreté vous causait tant d'effroi,

Parce que volontiers et je ris et je cause...

De ce triomphe heureux je suis presque la cause...

C'est que, voyez-vous bien , je connais mon défaut,

Et me fais sérieuse, allez, quand il le faut.

A ce pauvre petit dont je savais l'histoire,

3

Qui ne s'effacera jamais de ma mémoire,
Et que poursuit en vain la haine des méchants,
J'ai voué dans mon cœur d'éternels sentiments.
Jugez de ma terreur quand j'ai vu la cohorte
De ceux qui le cherchaient prête à briser la porte
Du frêle appartement qui le cachait encor !
Il fallait à tout prix sauver nôtre trésor ;
Voici ce qu'à l'instant je me suis mis en tête,
Afin de conjurer cette affreuse tempête :
Penser, exécuter pour moi n'ont été qu'un !
Rejetant mes atours, mon costume importun,
Et me faisant d'un mot comprendre à la nourrice
Qui, comme vous pensez, s'est faite ma complice,
J'ai remplacé l'enfant dans son joli berceau,
Et là, sous mon costume élégant et nouveau,
Heureuse de me voir enfant redevenue,
Je me raccourcissais pour mieux tromper la vue
Des cruels qui viendraient pour lui donner la mort.

MÉROÉ.

Mais tu pouvais aussi subir le même sort ?

CORYNNIS.

Il m'en eût peu coûté de mourir à sa place !

ZELPHA.

O généreuse enfant, pour Iphis je t'embrasse !

CORYNNIS.

Cependant Phérisdoun, accourue au danger,
Emportait en lieu sûr notre aimable étranger ;
La grandeur du péril redoublait son courage ;
Elle allait à grands pas en dépit de son âge,

Se mettant à l'abri de tout œil indiscret
Par de certains détours dont elle a le secret ;
Car mon déguisement ne pouvait être utile
Qu'avec le prompt secours de cette fuite habile.

MÉROÉ.

Mais de ton propre sein qui donc a détourné
Le poignard qu'à l'enfant ils avaient destiné ?

CORYNNIS.

Afin de mieux donner le change à leur furie,
Auprès de ce berceau veillait encor Marie ;
Ne pouvant se résoudre à me voir succomber
Au moment où sur moi le coup allait tomber :
— « Malheureux, arrêtez ! votre poignard s'égare ;
» Allez porter ailleurs votre rage barbare ;
» Détournez, détournez ce funeste couteau :
» L'enfant que vous cherchez n'est plus dans ce
                                  [berceau ;
» Reconnaissez les traits de l'ange tutélaire
» Qui pour tromper vos coups a remplacé mon frère !
» La jeune Corynnis est seule sous vos yeux. »
A ces mots accablants, ces monstres furieux
S'élancent sur les pas de leur proie échappée ;
Mais bientôt cette ardeur, que le prince a trompée
Par un ordre précis de respecter l'enfant,
S'est changée en pâleur, en secret tremblement,
Tant le cœur des méchants devient craintif et lâche
Sitôt que leur espoir se perd ou se relâche !
Étourdis par ce coup, honteux de leur fureur,
Ils m'ont prêté vraiment à rire de bon cœur, —
Ce que j'ai fait sans gêne et même en leur présence.

ZELPHA.

Ah ! plutôt avec nous bénis la Providence ;
Seule, elle a tout conduit, et les faibles humains
Ne sont qu'un instrument dans ses puissantes mains.
Heureux qui se soumet à sa volonté sainte
Et de tout autre qu'elle a rejeté la crainte !

CORYNNIS. (*Elle chante.*)

Fallait voir sur leur visage
La surprise grandissant ;
　　Vraiment, vraiment,
C'était plus qu'amusant !
Je m'attendais qu'à leur rage
J'allais servir d'aliment.
　　Vraiment, vraiment,
J'avais peur grandement,
Quand Iphis, calmant l'orage,
L'a dissipé promptement.
Fallait voir à leur courage
Succéder le tremblement !
　　Grande colère,
　　Tant qu'il espère
En retirer quelque profit,
　　Mais que sa chance
　　Baisse ou balance,
Le vaillant se trouble et s'enfuit !
　　C'est du tragi-comique
Que ce prompt apaisement
　　D'une fureur inique
Tout à coup mise à néant !

Fallait voir sur leur visage
La surprise grandissant, etc.

MÉROÉ.

Un ange descendu de la céleste plage
En eût-il apporté plus d'âme et de courage ?
De ce trait de ta part héroïque et charmant,
Vivra dans tous les cœurs l'éternel monument !

SCÈNE VI.

LES MÊMES, IPHIS, PHÉRITTA, NELLIS, LE CHŒUR.

LE CHŒUR.

Victoire ! victoire ! victoire !

UNE VOIX.

Jacob, ne gémis plus,
Les méchants sont abattus.

UNE AUTRE

Et que de ta mémoire
Ne s'effacent jamais
De tels bienfaits.

LE CHŒUR.

Victoire ! victoire ! victoire !

SOLOS DU CHŒUR.

Le ciel a fait cesser tes pénibles alarmes,
Un sort plus doux t'est préparé,
Et tu verras un jour tarir toutes tes larmes
A la voix du héros qui t'aura délivré.

Victoire ! etc.

Vent fatal du désert, ton haleine brûlante
   En vain s'attaque à cette fleur ;
Son calice attristé sur sa tige mourante
Se ranime et reprend sa première fraîcheur.
     Victoire ! etc.

Renoncez, renoncez, méchants à votre ligue,
   De vos projets le ciel se rit !
Quand sa main la posa, qui peut rompre la digue?
Dieu parle, et le torrent soudain s'évanouit.
     Victoire! etc.

MÉROÉ.

Aux périls les plus grands Iphis s'est exposée !
La tempête à sa voix soudain s'est apaisée.

PHÉRITTA.

Eh ! qui peut résister à ses charmes puissants ?
Oui, les cœurs les plus forts sont les cœurs innocents.
Toujours des malheureux elle embrasse la cause.

NELLIS.

La connaître et l'aimer, c'est une même chose !
On lit dans ses regards la bonté de son cœur ;
Elle parle, et tout cède à son crédit vainqueur.

IPHIS.

Ne m'attribuez pas ce grand, ce noble ouvrage :
Quand je parlais au roi, ce n'est pas mon langage
Qui domptait son courroux et qui gagnait son cœur :
Au seul Dieu de Jacob en revient tout l'honneur ;
C'est lui qui, de Zelpha dirigeant l'heureux zèle,
Abaissant les remparts élevés devant elle,

A rendu ses discours capables de m'ouvrir
Les abords de ce cœur qu'il fallait attendrir !
Aussi quelle bonté dans ses regards s'est peinte,
Alors que pour chasser de mon cœur toute crainte,
Le roi, dont j'embrassais en pleurant les genoux,
M'a dit avec douceur : — « Ma fille, levez-vous !
» Séchez vos pleurs amers, ô mon enfant chérie !
» Vous rappelez trop bien à mon âme attendrie
» Votre mère, cet ange, hélas ! que j'ai perdu
» Pour n'avoir pas, cruel, autrefois entendu
» Les cris de sa douleur à la vôtre pareille !
» Gardes, que sur-le-champ on se hâte et qu'on veille
» Au salut de l'enfant adopté par Iphis ;
» Qu'on le traite au palais comme mon propre fils
» Par cette adoption, je réduis au silence
» Ces hommes dont le joug à me peser commence…
» Ma fille n'aura pas en vain sollicité.
» Malheur aux imprudents qui contre elle ont lutté ! »
Vous avez vu parfois nos campagnes flétries
Qui sous les flots du Nil soudain sont refleuries ?
Eh bien ! tel est le sort que m'ont fait ces doux mots.
Célébrez mon bonheur, vous qui pleuriez mes maux.

LE CHŒUR.

Victoire, victoire ! etc.

IPHIS.

Les méchants avaient dit, dans leur sombre malice :
» D'Isroël au tombeau que l'étoile pâlisse,
» Que du sol de l'Égypte il soit déraciné,
» Que nul soleil sur lui ne brille fortuné,

» Que de ces étrangers s'éteigne enfin la race ;
» Puissent-ils ne laisser parmi nous d'autre trace
» Que celle de leur sang abreuvant nos sillons !... »
Et voilà qu'Israël, dressant ses pavillons,
Trompera pour jamais leur espoir sacrilége !
Honneur, amour au Dieu dont le bras les protége !

TOUTES LES VOIX.

Honneur, amour au Dieu dont le bras les protége !

MÉROÉ.

Je dois le déclarer devant toutes mes sœurs :
Du culte d'Osiris j'abjure les erreurs !
La sombre nuit fait place aux clartés de l'aurore,
Je me donne au vrai Dieu que la princesse adore :
C'est le Dieu de Jacob que j'invoque aujourd'hui.

NELLIS.

Et toutes, comme toi, nous n'adorons que lui.

ZELPHA.

Lui seul est le vrai Dieu, je n'en connais plus d'autre.
Votre Dieu, chère Iphis, désormais c'est le nôtre !

IPHIS.

Oh ! de la vérité pouvoir miraculeux !
Il s'est réalisé, le plus cher de mes vœux ;
Le ciel a promptement écouté ma demande :
De tous ces jeunes cœurs, mon Dieu, reçois l'offrande !

CORYNNIS.

Oui, toutes, de concert, nous l'aimerons toujours.
Que sont auprès du sien tous les autres amours ?

IPHIS.

Pour sauver notre enfant, je sais ton stratagème...
Et c'est de tout mon cœur, Corynnis, que je t'aime !
Que de courage, ô Dieu ! pour ainsi t'exposer !
Que d'effroi les méchants auront dû te causer
Quand le fer menaçant a brillé sur ta tête !

CORYNNIS.

Madame, j'avais peur, et pourtant j'étais prête
A recevoir le coup qui, trompant leur fureur,
Vous conservait l'enfant si cher à votre cœur.

IPHIS (*après avoir embrassé Corynnis*).

Si, de leurs devanciers épousant la querelle,
D'autres recommençaient cette lutte cruelle
Contre l'élu du Ciel que j'ai sauvé des flots,
Alors sa juste main répandra ses fléaux
Sur les pâles auteurs de la nouvelle guerre
Qu'ils auront déclarée u àmaître du tonnerre !
Qu'Israël sous sa tente, ô mon Dieu ! sera beau !
Mais d'un tel avenir l'ineffable tableau
Ne peut à mes regards tout entier se traduire...
Éternel, sous ta main, je m'incline et j'admire,
Trop heureuse d'avoir entrevu le destin
Qui déjà se dessine à l'horizon lointain !

SCÈNE VII.

LES MÊMES, JOCABED, MARIE.

JOCABED.

Pendant qu'un doux sommeil s'étend sur la paupière
De cet enfant chéri dont vous êtes la mère,

Sa mère d'autrefois vient encor vous bénir!...
Mais voilà que mon cœur est prêt à défaillir;
Tant de reconnaissance et de bonheur s'y presse,
Que vous aurez égard, Madame, à la faiblesse
D'un langage impuissant pour vous bien exprimer...
... Princesse, accordez-moi le droit de vous aimer.

IPHIS (*tendant la main, que Jocabed embrasse*).

Mais je n'aperçois pas votre douce Marie !

CORYNNIS.

Madame, j'en ai fait pour toujours mon amie,
Me réservant le droit de vous la présenter.

IPHIS (*à Marie*).

Allons, ne craignez plus, ma fille, d'irriter
La princesse jalouse et quelque peu colère
Dont l'aspect courroucé vous effrayait naguère...
Ce coupable moment, me le pardonnez-vous ?

MARIE.

Madame, c'est à moi d'embrasser vos genoux ;
Ne vous envolez pas ainsi que votre mère ;
Ange qui le gardez, ne quittez pas mon frère.
Il a besoin de vous longtemps, longtemps encor ;
Vous êtes son sauveur, son unique trésor ;
Nous n'avons que nos pleurs, sur vous seule il s'appuie.
Protégez-le toujours.

IPHIS.

Ne pleurez pas, Marie,
Mais plutôt unissez vos chants à nos transports.
Celui qui des méchants a trompé les efforts

Saura le protéger contre toute entreprise.
L'enfant sauvé des eaux, je le nomme Moïse :
Nul serpent désormais ne pourra l'enlacer,
Et je cours avec vous sur mon cœur le presser.

SCÈNE VIII.

LE CHŒUR.

Plus de larmes,
Plus d'alarmes,
Le ciel s'est fait serein ;
Un beau jour luit enfin !
Dieu c'est un père
Que la prière
Humble et sincère
Jamais n'implore en vain !

UNE VOIX.

Les méchants avaient dit : « Que cet enfant périsse ;
» Eteignons de Jacob le flambeau renaissant ;
» Que ce dernier espoir en lui s'anéantisse !... »
Dieu se montre, et l'enfer se ferme frémissant.

LE CHŒUR.

Plus de larmes, etc.

UNE AUTRE.

Les méchants avaient dit : « De cette race infâme
» Abattons l'étendard qu'elle ose ressaisir ! »
Eh bien ! pour les briser, Dieu se sert d'une femme.
Une femme prélude à tout grand avenir.

LE CHŒUR.

Plus de larmes, etc.

UNE AUTRE.

Enfants de Dieu, gardez la foi de ses oracles ;
Nul encor n'a trompé votre espoir jusqu'ici.
Vos descendants heureux verront d'autres miracles,
Et que le bras sauveur ne s'est pas raccourci.

LE CHŒUR.

Plus de larmes,
Plus d'alarmes,
Le ciel s'est fait serein ,
Un beau jour luit enfin !
Dieu c'est un père
Que la prière
Humble et sincère
Jamais n'implore en vain !

FIN DU TROISIÈME ET DERNIER ACTE.

Poitiers. — Typographie et stéréotypie OUDIN.

LA RELIGION EN ACTION

DRAMES.

1re SÉRIE COMPRENANT :

1° **Moïse sauvé des eaux**, Drame en trois actes, in-18, broché. » 60

2° **La Fille de Jephté**, Drame en trois actes, in-18, broché. » 60

3° **Anna la Prophétesse. — Les Bergères de la Palestine au temps du Messie**, Pastorales, in-18, broché. » 60

4° **Eustache, martyr**, Drame en trois actes, in-18, broché. » 60

5° **Lucie, vierge et martyre**, Drame en trois actes, in-18, broché. » 60

6° **Clotilde ou la Conversion des Francs**, Drame en trois actes, in-18, broché. » 60

7° **Pélage ou la Croix affranchie**, Drame en cinq actes, in-18, broché. » 80

8° **Ingelburge ou l'Épouse chrétienne**, Drame en trois actes, in-18, broché. » 60

AVIS DE L'ÉDITEUR.

Pour être essentiellement morales et religieuses les pièces qui précèdent n'en offrent pas moins une lecture aussi attrayante qu'elle est instructive.

Le plus grand soin ayant présidé au choix des sujets et à l'ordonnance des rôles, ces drames peuvent être joués dans les maisons d'éducation où l'on a conservé l'usage de ces sortes d'exercices.

C'est qu'effectivement rien n'est plus propre à rehausser l'intérêt qui s'attache aux diverses solennités scolaires. Désireux de joindre autant que possible l'utile à l'agréable, *utile dulci*, comme dit l'adage antique, l'auteur s'est principalement inspiré des modèles si chers à la jeunesse : FÉNELON et RACINE.

Poitiers. — Typographie et stéréotypie OUDIN.